Was mein Leben reicher macht

Von Vogelgezwitscher, Kaffeeduft und anderen kleinen Glücksmomenten

Pattloch

Was macht Glück aus? Viele kluge Menschen haben sich darüber schon den Kopf zerbrochen: Philosophen, Psychologen und vor allem Dichter.

Unter den Lesern der Wochenzeitung »Die ZEIT« finden sich viele solcher klugen Köpfe, und vor allem Menschen, die das Leben mit allen Sinnen wahrnehmen. Das lernt man auf der letzten Seite, wo die Leser selbst schreiben.

Glück, so finden sie, ist das Geräusch der Erdbeeren, die beim Schnibbeln in die Schüssel fallen. Oder das verheißungsvolle Ratschen, wenn sich die Seiten eines neuen Buches trennen. Oder das Brummeln der Hummeln, das der Liebste mit dem Handy eingefangen und aus der Ferne geschickt hat.

Mit anderen Worten: Glück, das ist das Große im Kleinen und das Gute im Schlechten. Weshalb unsere Leser bei Regen auch nicht trübsinnig werden, sondern die Gummistiefel hervorholen und sich an den Pfützen erfreuen ...

Viel Spaß bei der Lektüre wünscht
Jutta Hoffritz
Die Redakteurin der letzten Seite der ZEIT

Der Jogger vor mir, der beim Schrei
der Gänse nach oben sieht und
»Hallo, Nils!« in den Himmel ruft.

Gesine Heger, Münster

Spaziergang am See, ich höre das
Knirschen der Kieselsteine und bleibe
stehen. Ohne Eile suche ich, bis ich
einen finde, der warm und weich, rund und
flach in meiner Hand liegt. Ich gehe leicht
in die Knie und schicke ihn auf die Reise.
1-, 2-, 3-, 4-, 5-, 6-mal hüpft der Stein
über das Wasser und hinterlässt seine Kreise.
Jahre her, aber es gelingt noch immer!

Uli Hertle, Bretten, Baden-Württemberg

Früh am Morgen noch etwas
fröstelnd auf dem Balkon zu sitzen.
In beiden Händen eine duftende
Tasse Kaffee zu halten und dabei
zu beobachten, wie die wärmenden
ersten Sonnenstrahlen den Tag
erwachen lassen.

Kurt Luhn, Wuppertal

Letzte Woche waren wir auf dem Nürnberger Frühlingsfest. Klingt unspektakulär, wenn man nicht weiß, dass die Schausteller dort an einem Vormittag Tausende Behinderte einladen, die auf Bayerns zweitgrößtem Volksfest (nach der Wiesn) kostenlos fahren können. Unser Sohn (28 Jahre), der in einer Behindertenwerkstatt arbeitet und in einer Wohngruppe lebt, freut sich das ganze Jahr darauf. Natürlich könnte er auch mit uns Riesenradfahren gehen. Aber an diesem Tag sind alle seine Kumpels da, alle bekommen ein Lebkuchenherz, und die Fahrgeschäfte fahren extra langsamer oder halten an, wenn jemand Angst bekommt.
Und weil das alles so ist, ist dieser Tag auch für mich der schönste Tag im Jahr ...

Ulla Bauer, Nürnberg

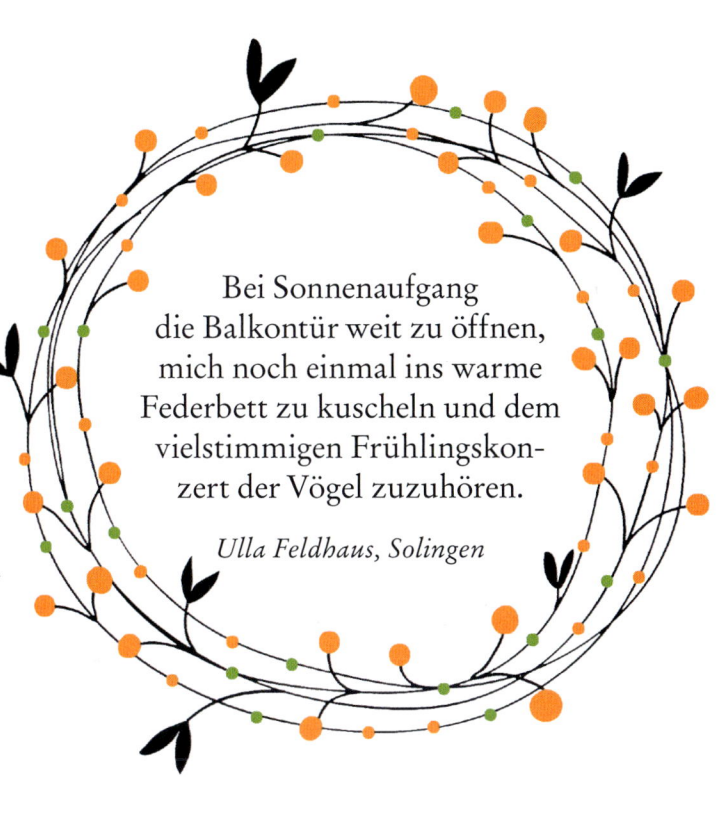

Bei Sonnenaufgang
die Balkontür weit zu öffnen,
mich noch einmal ins warme
Federbett zu kuscheln und dem
vielstimmigen Frühlingskon-
zert der Vögel zuzuhören.

Ulla Feldhaus, Solingen

Das perfekte Lied für den
Tag zu finden – und es immer und
immer wieder zu hören.

Diana Lehmann, Erfurt

Laufen! Morgens vor der Arbeit
oder in der Mittagspause.
Stress abbauen und den eigenen
Rhythmus wiederfinden.

Marit Breede, Hildesheim

Meine Jungs und ich (alle 60 plus) spielen in der Innenstadt Songs aus unserer Jugend. Der regengraue Himmel spiegelt sich in den Gesichtern der Passanten. Manchem jedoch entlockt die Musik ein Lächeln. Einige singen sogar mit. Eine ältere Dame scheinen wir nicht zu erreichen. Mit unbewegtem Gesicht geht sie vorbei. Doch dann hebt sie die Arme und deutet einige Tanzschritte an. Wie wunderbar!

Herbert Leupelt, Flensburg

Mein gelber Sonnenschirm, der neben der Balkontür auf seinen Einsatz wartet. Ich schaue in das triste Grau und freue mich schon riesig auf wunderbare Sommerabende bei Wein und Musik.

Robert Greve, Berlin

Ernte auf dem Erdbeerfeld mit
unseren beiden kleinen Jungs: erst die vor
rotem Saft und Glück triefenden Mäulchen
und anschließend der Duft im ganzen
Haus, wenn wir die noch heiße Marmelade
in Gläser füllen. Wunderbar!

Eva Ehrmann, Bad Wurzach, Baden-Württemberg

Wenn unser Sohn Linus (neun Jahre)
mit großer Verspätung und noch größerer
Begeisterung von der Schule heimkommt und
schon an der Haustür ruft: »Mama, ich hab
dir was mitgebracht!« Im Sommer eine
Handvoll Himbeeren, im Herbst Blätter und
Kastanien – und im Winter auch gerne mal
eine Riesen-Eisscholle vom nahen Bach …

Anja Dolder, Hünibach, Schweiz

Mein Großvater kämpft seit Langem
mit dem Krebs. Jedes Telefonat mit meiner
Großmutter mündet daher unweigerlich
in der Frage: »Und wie geht es Opa?«
Neulich fiel mir auf, dass ich selten frage,
wie es ihr geht. Als ich es tat, war das Glück in
ihrer Stimme durch den Hörer zu greifen.

Yannik Miesseler, Hürth

Eine einzelne Sonnenblume
auf dem Mittelstreifen der Autobahn.

Burkhardt Laabs, Kronach, Bayern

Bergfrühling! Der Schnee schmilzt langsam, sehr langsam. Ein Moosflecken zeigt sich, ein Almrauschstrauch steht vor mir, Latschenzweige recken sich langsam aus den Schneemassen, Bäche rauschen und verschwinden wieder unter der Schneedecke. Alles geht ohne Eile in Richtung Frühling voran. Die Natur hat Zeit in den Bergen.

Suzanne Jobst, Gauting, Bayern

Das Schwimmritual, das mein Mann und ich jeden Sommer auf Usedom pflegen: Morgens um kurz nach sieben bei Wind und Wetter von Boje zu Boje, danach eine schöne warme Dusche, und wir fühlen uns wie neugeboren.

Angela Hallbauer, Neumünster

Ich habe mit Mitte fünfzig den Beruf gewechselt. Ich trete jetzt als Musikerin in Seniorenheimen auf und singe – wahlweise zur Gitarre oder Ukulele – Schlager von Caterina Valente, Paul Kuhn, Rudi Schuricke … Es ist wunderbar, zu sehen, wie sich die Mienen meiner Zuhörer dabei verändern. Statt Langeweile, Unsicherheit oder gar Verzweiflung sehe ich Entspannung, Freude, Erinnerung. Und manche Bewohner, die wegen ihrer Demenz kein Wort mehr sprechen, können plötzlich ganze Refrains mitsingen!

Stefanie Jankuhn, Bad Oldesloe,
Schleswig-Holstein

Auf der von meinen Eltern geerbten Streuobstwiese die alten Obstbäume schneiden, gegen Mittag ein Feuerchen machen, die mitgebrachten Würstchen rösten, gegen Abend den beginnenden Muskelkater spüren, zwei Tage nach Rauch riechen und mich freuen, dass das alles mit fast 70 Jahren noch geht.

Rita Fritz, Waldshut-Tiengen, Baden-Württemberg

Meine Schuldirektorin, die uns einmal in der Woche am Schultor mit Handschlag begrüßt, meine Lehrerin, die mir verzeiht, wenn ich in der Stunde zu jodeln beginne, und unsere Schulassistentin, die uns Mädels nach dem Schwimmen so schöne Zöpfe flicht.

Annika Gruber (zehn Jahre), Zirl, Österreich

Ich liebe das Wort Feierabend.
Jedes Mal, wenn ein Kollege oder eine
Kollegin mir einen schönen Feierabend
wünscht, stelle ich mir unser ganzes Team
auf den Tischen tanzend und Konfetti
werfend vor. Und gerade jetzt im Sommer,
wenn man bis spät in der Nacht draußen
sein kann, ist so ein Abend ohne Arbeit auch
einfach ganz besonders feierwürdig.

Inga Hilbig, Leipzig

Von meiner Freundin habe ich Saatgut geschenkt bekommen. Seit ich es zur Vorzucht eingesät habe, schaue ich mehrmals täglich, ob sich in den kleinen Schalen auf der Fensterbank schon etwas tut. Und ausgerechnet als mitten im April der Winter noch einmal vorbeischneit, entdecke ich die ersten Pflanzenköpfchen. Wie viel Energie in den kleinen Dingern steckt! Ich kann den ersten Sommer in unserem WG-Garten kaum erwarten.

Clara Bökelheide, Lüneburg

Es ist kurz vor fünf, als Jakob (sieben
Jahre) zu mir unter die Decke krabbelt.
»Du, Mama«, wispert es in mein Ohr,
»heute fange ich ein neues Leben an!«
Schlaftrunken murmelt es aus mir heraus:
»Ach ja? Und wie machst du das?«
Kurze Stille. Dann verkündet Jakob: »Also,
zuerst ziehe ich frische Unterwäsche an,
und dann geht's weiter!« So einfach!

Ursula Garbe, Denklingen, Bayern

Der freundliche ältere Herr am
Obststand, der die Erdbeeren, Kirschen und
Heidelbeeren immer sorgfältig abwiegt,
um danach noch eine besonders schöne
Frucht als Geschenk draufzulegen.

Barbara Philipsen, Flensburg

Bei Regenwetter Koffer für den Urlaub
packen. Die Sonnencreme nehmen,
Hände eincremen, den Duft einatmen
und in Vorfreude schwelgen.

Catharina Friedrich, Wilnsdorf,
Nordrhein-Westfalen

Wenn acht Freundinnen und
Freunde bei einem Glas Wein um
meinen Tisch sitzen und wir unseren
28. gemeinsamen Urlaub planen.

Renate Berghändler, Dortmund

Die paar Sekunden
morgens nach dem Aufwachen,
in denen man weder weiß, wo
noch wer man ist. Ein Moment
totaler Entspannung.

Regina Franke, Aarhus,
Dänemark

Meine vierjährige Tochter, ohne die ich wohl nie herausgefunden hätte, wie sensationell gut ein frisch gemachtes Zitroneneis an einem heißen Sommertag schmeckt. Nach einer gemeinsamen Radl-Tour machte sie mich zum Glück darauf aufmerksam.

Dan Bauerfeind, München

Die Jubelschreie meiner kleinen Töchter, als sie entdecken, dass das Café an der Ecke endlich wieder Eis verkauft.

Julia Zürcher, Freiburg

Die Möglichkeit, online Schach zu spielen:
Zu jeder Uhrzeit findet sich ein Mitspieler.
Von Afghanistan bis Zypern, vom
Anfänger bis zum Meisterspieler. Immer
wieder anders, immer wieder interessant.

Joachim Rothmund, Biberach

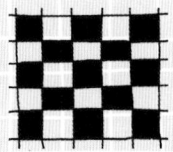

Wieder zu Hause. Beim Sortieren der
Reiseunterlagen fällt mir ein zerknülltes
Blatt Papier in die Hände – mit einem
Käsekästchen-Spiel. Ach, Enkelkind,
wie schön waren die Ferien mit dir!

Karin Schmalenberg, Bremen

Im Zug beobachte ich einen Mann,
Mitte 50 mag er sein, gepflegtes Äußeres mit
Aktenkoffer, ganz in dezentem Grau gekleidet.
Vor sich auf dem Klapptisch steht ein Laptop.
Er hat Kopfhörer in den Ohren, schaut einen
Film, und nebenbei strickt er – ganz routiniert –
an einem Paar grellbunter Socken.

Katrin Plarr, Freiburg

An einem sommerlichen Tag
übermütig auf der Gehsteigkante entlang-
zubalancieren, nur um festzustellen,
dass ein entgegenkommender älterer Herr
sich derselben Beschäftigung widmet.
Ein Ausweichen, ein kurzer, freundschaft-
licher Gruß ... und weiter geht's.

Dominik Sonnleitner, Prag

Sand klebt an sonnenmilch-
verschmierter Haut. Pubertierende Jungs
schubsen kreischende Mädchen ins Wasser.
Der kleine Marvin sucht seine Mama.
Wer wird wohl den Arschbombencontest
gewinnen? Und nach dem Schwimmen:
Pommes-Majo-doppelfett. Es ist Sommer!

Christian Plostica, Essen

Mit einer alten Schulfreundin in einer
lauen Sommernacht per Dosentelefon über
den Neuköllner Innenhof hinweg
zu quatschen. Ein Kindheitstraum wird –
leicht verspätet – Wirklichkeit.

Sarah Benarey-Meisel, Berlin

Ein lang geplantes Treffen – mit einer
guten Entschuldigung und noch besserem
Bauchgefühl – sausen zu lassen!

Klaus P. Jaworek, Büchenbach, Bayern

In dem Kräutertopf, den ich eigentlich
entsorgen wollte, zwischen den
verdörrten Pflanzen aus dem Vorjahr
plötzlich wieder Schnittlauch und
Minze austreiben zu sehen.

Maria Engeßer, Regensburg

Hausfrau und Mutter zu sein,
seit vier Jahren. Verheiratet, drei Kinder,
Häuschen auf'm Land mit Garten und Hund.
Vor zehn Jahren undenkbar für mich:
Genau so sollte mein Leben mal nicht verlaufen.
Und jetzt? Bin ich unbändig dankbar
und glücklich, im Herzen und im Kopf aber
immer noch anarchistisch. Mehr denn je.

Nici Bieber, Burgthann-Ezelsdorf

Auf meinem Balkon zu stehen
und Pippi Langstrumpfs »Zwei mal
drei macht vier, widewidewitt und drei
macht neune ...« zu pfeifen und dann
zu hören, wie die Menschen, die unten
vorbeigehen, die Melodie weiterpfeifen.

Markus Pütz, Hamburg

Sommermorgen. Als ich
das Fahrradschloss aufschließe,
höre ich den Straßenbauarbeiter
gegenüber ein Lied von Pippi
Langstrumpf pfeifen: »Ich mache
mir die Welt, wie sie mir gefällt.«
Frohen Herzens radle ich los.

Tina Schäfer, Kassel

Starte auf meiner Joggingstrecke, die erste größere Steigung wartet auf mich. Da sehe ich eine betagte Dame auf ihrem Fahrrad den Hang herunter auf mich zurasen, beide Hände fest am Lenker. Als sie mit einem Affenzacken an mir vorbeirauscht, höre ich ein »Yippie!« – und schon ist sie weg.

Stefanie Sirchich von Kis-Sira, Stuttgart

Ein Freund, der mir auf der Gitarre
vorspielt und so schön singt, dass ich
weinen muss. Der aufschaut und mich
ernsthaft fragt: »Das war Mist, oder?«
Die Glücksträne, die in meinen Schal
gesickert ist, hat er nicht gesehen.

Katja Pilisi, Karlsruhe

Von einem Freund auf der
Stange seines Fahrrads nachts durch
München chauffiert zu werden.

Annika Kohrs, Wolfsburg

Am Wochenende sind meine Patenkinder zu Besuch und malen mit Kreide ein Hüpfspiel auf die Straße. Am Montag sehe ich dann vom Küchenfenster aus den Briefträger hüpfen.

Sylvia Zeeb, Gomaringen, Baden-Württemberg

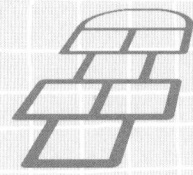

Die liebste Kinderpflegerin der Welt. Sie holt meinen fünfjährigen Sohn täglich zu Hause ab, nimmt ihn mit in den sechs Kilometer entfernten Ganztagskindergarten und bringt ihn auch wieder nach Hause. Ich bin nämlich alleinerziehend, berufstätig, wohne auf dem Land und habe kein Auto. Sie nennt es »Fahrgemeinschaft«.

Ramona Wenzel, Haisterkirch, Baden-Württemberg

Neben einer Kita zu leben. Besonders, wenn die blutjunge Bande direkt vor meinem Fenster freigelassen wird und um die Wette auf und ab pest oder den breiten Bürgersteig voller Ausgelassenheit mit bunter Kreide bemalt. Herrlich, diese Fröhlichkeit, die nichts vom Scheitern im Leben ahnt.

Jon Pahlow, Frankfurt am Main

Kein Auto zu benötigen. Keine wertvolle Lebenszeit mit Stau oder Verkehrshektik zu verschwenden. Stattdessen bei jedem Wetter am Rheinufer entlang zur Arbeit spazieren zu dürfen. Tägliche Glücksgefühl-Garantie!

Sebastian Wuwer, Düsseldorf

Auf dem Altrhein mit meinen Freunden
Kanu fahren. Die Sonne im Nacken,
den Wind in den Haaren spüren. Auf einer
Insel picknicken und danach in das kühle
Nass springen. Es ist wie Urlaub.

Laura Becker, Waldsee, Rheinland-Pfalz

Den Sommer beim morgendlichen
Schwimmen im Freibad festhalten!

Christiane Stein, Dresden

Nach einem ereignisreichen Urlaub
endlich wieder mal einen Nachmittag
in der Hängematte zu vertrödeln.

Renate O'Gorman, Lüneburg

Das Geräusch der Erdbeeren,
die, geschnitten von meiner Hand,
in die Schüssel fallen.

Julia Meyer, Gersheim, Saarland

Jeden Freitag ist ein richtiger Brief in unserem Postkasten. Seit mehr als 15 Jahren schreiben meine Eltern an alle ihre fünf Kinder. Ich freue mich über die Schrift meines 85-jährigen Vaters, über die Berichte vom Alltag meiner Eltern, über die von meiner Mutter liebevoll beklebten Umschläge und über die immer gleichen Unterschriften.

Katharina Trede-Döring, Ratzeburg

Jeden Abend gehe ich an einem Weingut vorbei. Oft liegt auf den Stufen der Hauskater und beobachtet die Fußgänger. Manchmal hält er ein Schläfchen. Ein Ruhepol in der Hektik des Alltags. Und er weiß gar nichts davon.

Elke Novotny, Remshalden, Baden-Württemberg

Der Duft, der dem frisch geöffneten
Beutel mit Kaffeebohnen entströmt.
Ich atme tief ein, und meine Gedanken
bekommen kurzzeitig Flügel.

Brigitte Wittmann, Friedrichsdorf, Hessen

Die Straßenbahn wird gleich abfahren. Eine
ältere, gehbehinderte Frau versucht, sie noch
zu erreichen. Da steht ein etwa 13-jähriger
Junge von seinem Sitz auf, drückt den Türöffner
von innen, die Bahn muss weiter halten, und
die Dame kann einsteigen. Ob sie die kleine
Aufmerksamkeit des Jugendlichen bemerkt hat?
Ich weiß es nicht. Aber es hat mich berührt,
gefreut und irgendwie glücklich gestimmt.

Rolf Schmidt, Darmstadt

Wenn ich meine Augen schließe, habe ich einen Traum. Ich tanze mit meinen bezaubernden Töchtern. Wir drehen die Musik auf, füllen den Raum singend mit unseren Stimmen und lachen. Ihr Lachen ist ansteckend und mitreißend und voller Lebenslust. Wenn ich die Augen aufmache, merke ich, dass dies kein Traum ist, sondern mein Leben. Diese Erkenntnis hat dieses Jahr für mich reicher gemacht. Ich hatte keine Kindheit, zumindest keine voller Tanz, Lieder und Lachen, aber dass ich meinen Kindern genau das ermöglichen kann, macht mich unendlich reich.

Semra Siyli-Risse, Hamburg

Wenn Lektüren einen
auf eine Art und Weise berühren,
wie sonst es nur Musik vermag.

Friederike Achenbach, Weil am Rhein,
Baden-Württemberg

Das Geräusch, wenn sich
die Seiten eines neuen Buches beim
Umblättern voneinander lösen.

Katrin Schals, Homburg, Saarland

Morgens, kurz vor sieben, es ist kalt und trüb, als ich mit dem Rad zur Arbeit fahre. Hinter einer Kreuzung empfängt mich auf dem grauen Asphalt des Bürgersteigs eine bunte Kreideschrift: »Hab einen schönen Tag!«, verziert mit einer Blume. Herzlichen Dank! Ich wünsche dasselbe!

Marit Breede, Hildesheim

Die Autokorrektur meines Handys, die mir beim Eintippen des Wortes »Sonne« prompt das Wort »Sommerhaus« vorschlägt. Erinnerungen werden wach: an laue Nächte unterm Gebälk im Sommerhaus bei meinen Eltern auf dem Land.

Marieke Bea, Hannover

Auf dem Ultraschallmonitor ein winzig kleines Herz schlagen sehen und wissen: Das Wunder des Lebens hat begonnen.

Florian Hauchwitz, Düsseldorf

Büchereien! Als Mädchen, aufgewachsen in einem Dorf im Münsterland, haben mich die Bücher, die ich nach der Sonntagsmesse in der Pfarrbücherei ausleihen konnte, in die weite Welt geführt. Später waren Büchereien häufig die erste Anlaufstelle in einer fremden Stadt. Heute versorge ich mich samstags mit Obst und Gemüse auf dem Markt und dann mit Büchern in der Bibliothek. Und ein nettes Wort von den Mitarbeiterinnen dort bekommt man auch noch ganz umsonst.

Margarete Gemmeke, Eutin

Mein Lesesessel steht direkt am Fenster, im dritten Stock am steilen Hang über der Rhein-Main-Ebene. Der Sessel ist tief, das Fenster ist hoch. Und wenn ich von meinem Buch oder der Zeitung aufschaue, sehe ich Wolken – zu allen Tages- und Jahreszeiten, in allen Farben und Formen. Fern-Sehen der besonderen Sorte.

Viktoria Pollmann, Hofheim am Taunus

Die Wendelsteinbahn ist gerade von der Talstation abgefahren. Die nächste fährt in einer Stunde. Was tun? Peter (53 Jahre, Vater von vier erwachsenen Kindern) und ich (53 Jahre, Mutter einer erwachsenen Tochter) gehen zum Spielplatz und setzen uns auf die Wippe. Das volle Programm: Wir wippen, schaukeln und rutschen. Das ist Glück.

Angelika Krutisch, München

Nach dem Tod meiner Mutter durchforste
ich ihr Arbeitszimmer. Ich gehe durch
alle Schubladen und Handtaschen, sortiere
und werfe weg. Immer wieder fallen mir
kleine Zettel in die Hand, auf denen sie sich
handschriftlich Sprüche oder Gedanken
notiert hat. Sie hat mir, ohne es zu planen,
einen Schatz hinterlassen.

Franziska Hebart, Mainz

Meinem 400 Kilometer entfernten
Mann via Telefon mein Lieblings-
sommergeräusch vorspielen:
das Brummen einer Hummel
in einer Fingerhutblüte.

Bettina Röser, Würselen

Bügeln! Es fasziniert mich einfach,
wenn die Falten glatt werden.
Außerdem wirkt es wohltuend
entschleunigend – und wann habe ich
sonst schon mal Zeit zum Fernsehen?

Petra Schmid, Sottrum, Niedersachsen

In der Innenstadt werfe ich einem
Straßenmusikanten Münzen in seinen
Geigenkasten. Anstatt sich einfach
zu bedanken, wünscht er mir viel Glück.
Woher wusste er nur, dass ich Glück
gerade sehr gut gebrauchen kann?

Farina Lennartz, Rostock

Sechs Damen nach dem Frühschwimmen
in der Dusche, alle Ü 80. Eine sagt:
»Komm, Elsa, ich schrubb dir den Rücken,
da kommst du ja nicht mehr selbst an.«
Spontan stellen sich alle im Kreis auf,
und eine wäscht der anderen den Rücken.
Und sie haben Spaß dabei!

Karin Mancino, Neumünster

Menschen, die einen anlächeln, wenn
man im Bus zufällig Augenkontakt hat.

Anna Vock, Potsdam

Wenn alle über den Regen lamentieren und meine WG-Mitbewohnerin mir abends erzählt, wie sie in ihren gelben Gummistiefeln auf dem Weg zum Sportkurs vergnügt in jede Pfütze gesprungen ist.

Madeleine Mockenhaupt, Bonn

Jedes Mal, wenn ich mein Fahrrad aus dem Schuppen hole, fällt mein Blick auf zwei kleine Fußabdrücke auf dem Boden. Obwohl es verboten war, hat mein Sohn damals den frisch betonierten Boden betreten und heimlich dort seinen Ball geholt. Max hat heute Schuhgröße 43 und studiert in Dortmund.

Annette Jakob, Borken

Die junge Frau, die mich jüngst an einer Freiburger Fußgängerampel mit strahlendem Gesicht begrüßte. Irritiert fragte ich, woher wir uns kennen. Sie lachte und schüttelte den Kopf: Nein, kennen würden wir uns sicher nicht. Noch irritierter hakte ich nach, warum sie mich dann so freundlich grüße. »Ach«, sagte sie, »das mache ich immer, wenn ich gut drauf bin und jemand Sympathisches treffe.« Wir unterhielten uns, bis die Ampel – viel zu schnell – den Weg freigab. Sie drehte sich noch mal winkend um, bevor sie davoneilte. Und mir 73 Jahre altem Zausel war, als hätte jemand den trüben Winterhimmel aufgerissen.

Joachim Scheil, Badenweiler, Baden-Württemberg

Barfuß tanzen (und das Blasenpflaster am Tag danach)!

Verena Wack, Bad Kissingen, Bayern

Erzieherinnen. (Oder: Zu wissen, dass die kleinen Wesen, die einem das Liebste im Leben sind, sich tagtäglich in einer fürsorglichen und herzlichen Umgebung befinden.)

Nina Hermann, Tübingen

An der Bushaltestelle. Der Tag ist so trüb wie meine Stimmung. Irgendwo habe ich gelesen, dass es einem besser gehen soll, wenn man trotzdem ein fröhliches Gesicht macht. Ich setze mein strahlendstes Lächeln auf – und siehe da, es wirkt sofort: Ein Herr, der gerade zufällig in meiner Blickrichtung steht, lächelt freundlich zurück und grüßt seitdem, wenn wir uns begegnen!

Angelika Krieser, Berlin

Der liebe Mensch, der seinen
Schirm über mich gehalten hat, als ich
im Regen auf die S-Bahn wartete.

Ines Voelckel, Gauting bei München

Nach meinem Sabbatjahr Bilanz zu ziehen
und festzustellen, dass es das – bisher –
schönste Jahr meines Lebens war.

Waltraud Günther, Glatten, Baden-Württemberg

Sich an der Nordsee in den stürmischen Herbstwind stellen und den Kopf durchpusten lassen. Danach bei einem heißen Tee die durcheinandergewirbelten Gedanken neu ordnen.

Maria Wollinger, Würzburg

Wenn ich mit meiner Tochter bei
Mistwetter zur Schule radle und wir
gleichzeitig unabgesprochen beim
Durch-die-Pfütze-Fahren die Beine
von den Pedalen heben, um nicht
klatschnass zu werden.

Anja Spiller, Berlin

Ich habe mit meinen 44 Jahren das
Leben entdeckt. Ich bin ich, mit allen Ecken
und Kanten und mit 35 Kilo zu viel auf
den Rippen – aber ich werde geliebt, wert-
geschätzt, mit Komplimenten überschüttet.
Und ich kann Komplimente endlich
annehmen. Ich bin glücklich.

Britta Brandt, München

An einem regnerischen Abend
mit Schokokeksen und Tee vor dem
Fernseher sitzen und sich freuen,
dass der Herbst wieder da ist.

Henrike Knaak, Bielefeld

Aufgrund einer Gehbehinderung bin
ich im Winter oft an meine Wohnung gefesselt.
Aber beim kleinsten Sonnenstrahl »reise«
ich warm eingehüllt auf meinen persönlichen
Zauberberg (den häuslichen Balkon). Ich schließe
die Augen, in meinem Kopf entsteht eine
glitzernde Schneelandschaft – und in meiner
Seele ein tiefes Glücksgefühl. Und wenn
ich dabei die Klingel nicht höre, wissen meine
Nachbarn: Sie ist mal wieder in Davos.

Inta Supka, Hannover

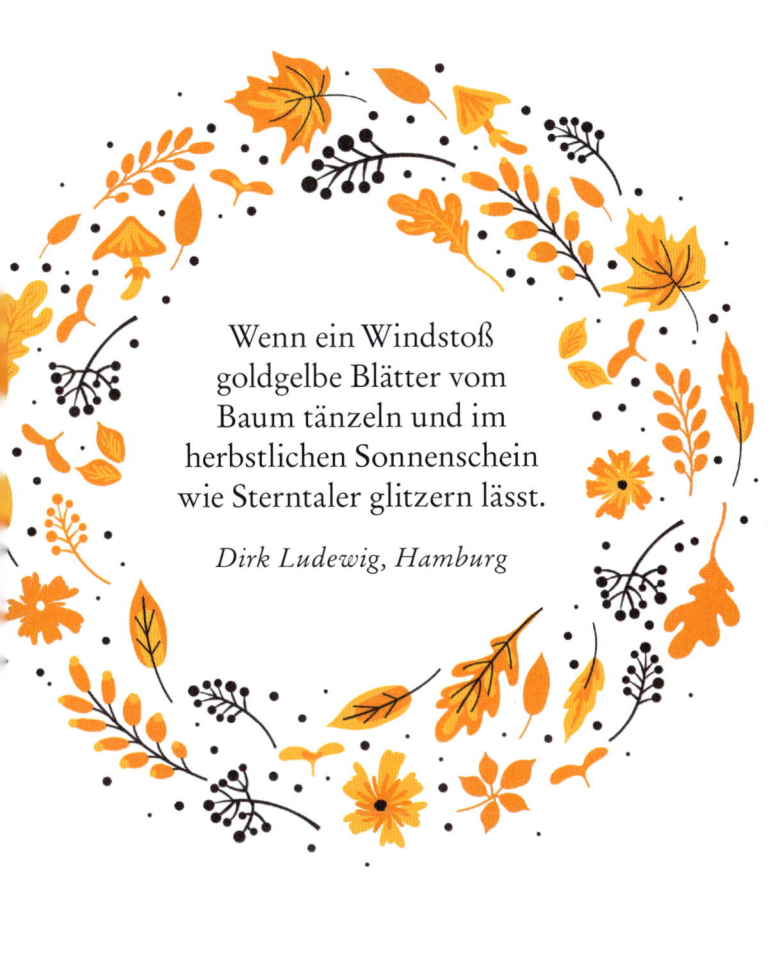

Wenn ein Windstoß
goldgelbe Blätter vom
Baum tänzeln und im
herbstlichen Sonnenschein
wie Sterntaler glitzern lässt.

Dirk Ludewig, Hamburg

Bei all den »smarten« digitalen Helferlein auch mal den Aus-Schalter zu drücken.

Wolf Warncke, Tarmstedt, Niedersachsen

Der schiefe Baum an der Bahnlinie bei Wunstorf! Zwischen brav stramm-stehenden Alleebäumen fällt einer auf – windgebeugt, borstig, ungekämmt. Mir scheint, der Baum hat Charakter.

Martin Schubert, Berlin

Das große Loslassen im Spätherbst: Früchte fallen schwer, Blätter sanft und leise.

Marianne Werner, Alitzheim, Franken

Überhaupt nichts tun.

Ina Seeberg, Essen

Wenn ich beim Abspann im Kino mit jeder Körperzelle spüre, dass mich der Film so schnell nicht loslassen wird. Er hat mich umgekrempelt und aufgeweckt. Mich gezwickt und gestreichelt. Bilder und Worte werden mich durch die kommenden Tage tragen.

Daniela Prager, Mainz

Ich hole meinen achtjährigen Enkel Luca von seiner Leichtathletikgruppe ab. Er hüpft neben mir her, hält plötzlich inne und sagt: »Oma, ich bin so glücklich, weil ich ich bin!« In Gedanken wünsche ich ihm, dass er das immer und immer wieder zu sich sagen kann – ein Leben lang.

Dagmar Flick, Ettlingen

Auf dem Gehweg einer Wohnstraße entdecke ich eine Seniorin, die sich per Roller fortbewegt: roter Lenker und kräftige Räder! Gut gelaunt wirft die alte Dame ihr Schwungbein vor und zurück. Als ich staunend stehen bleibe, ruft sie mir zu: »Wollen Sie auch mal fahren?« Ich – selbst bereits in den Siebzigern – setze zur Proberunde an: wunderbar!

Gerda Held, Oerlinghausen,
Nordrhein-Westfalen

Dass ich nach über zehn Jahren
Aufenthalt in diesem Lande endlich einen
Weg gefunden habe, Deutschen ihr
bisweilen unfreundliches Gesicht auszutreiben.
(Ein Segen für das chinesische Gemüt!)
Man stelle sich einfach hin, ziehe ebenfalls
ein Gesicht und beginne zu sprechen:
Mein. Kleiner. Grüner. Kaktus. ...

Han Chen, Aachen

Der Maulwurf, der gekonnt
unseren kleinen Schrebergarten
durchsucht. Gut, dass ich kein
Fan englischen Rasens bin ...

Amina Fritz, Karlsruhe

Ein Jahr lang habe ich alle schönen Ereignisse auf Zettel geschrieben und diese in einer Dose gesammelt. Ich wollte die Dose am Jahresende öffnen, um mir all das in Erinnerung zu rufen, aber ich habe sie zugelassen. Es gibt mir ein Gefühl von Sicherheit, Vorräte für schlechte Zeiten zu haben.

Derya Heper, Heidelberg

Achtzehn angehende Elektriker, die unbeschwert wie die Welpen in der Altweibersommersonne durchs Schwimmbad toben und jede gelungene Arschbombe mit frenetischem Applaus bejubeln.

Susanne Schmidtchen, Bad Kreuznach

In Kindheitstagen las ich von Witwe
Bolte, die das Kraut aus dem Keller holte.
Nun habe ich mit meiner eigenen
Kraft sieben große Kohlköpfe gehobelt,
gesalzen und eingestampft, auf dass
daraus Sauerkraut werde. Harte Arbeit,
aber – ein Wunsch ist erfüllt.

Matthias Riedel, Musberg,
Baden-Württemberg

Schlaftrunken die Haustür öffnen,
frische Brötchen und die Zeitung ins Haus
holen. Obwohl meine Eltern seit ein paar
Monaten nicht mehr in unserem Ort wohnen,
hängt das Carepaket für einen gemütlichen
Morgen jeden Sonntag vor der Tür.

Kathrin Jann, Benningen am Neckar

Ab und zu habe ich das Glück,
morgens unserem Briefträger per
Gegensprechanlage die Tür zu öffnen.
Er wünscht mir dann stets einen
wunderschönen Tag. Ob er weiß,
was mir das bedeutet? Mein Antwort-
lächeln hält fast den ganzen Tag,
sehr geehrter Herr Briefträger!

Marion Matt, Gevelsberg,
Nordrhein-Westfalen

Inmitten langer To-do-Listen,
E-Mails und Stress etwas tun, für
das ich eigentlich gar keine Zeit habe:
meine Großeltern anrufen.

Alisha Elling, Bremen

Große Distanzen dank moderner Technik
überwinden: Meine Mutter in Deutschland
ruft via Internet im weit entfernten Oman an:
»Haaalloooo, Schätzchen, hörst du mich?«
Wie schön, und wie vertraut!

Marina Tsaliki, Maskat, Oman

Unser Nachbar, der den einzigen
Kirschbaum der Siedlung besitzt und
mit jedem teilt, der sich hochtraut!

Anke Kelber, Karlsruhe

Ich fahre mit dem Rad zur Arbeit
und fühle mich schon am frühen Morgen
müde und ausgelaugt. Eher zufällig
lenke ich meinen Blick vom grauen Asphalt
auf das Weizenfeld neben der Straße, das
golden in der Morgensonne daliegt. Ich
rieche seinen warmen Duft. Es sind die
»Kleinigkeiten«, die das Leben reich machen!

Marit Breede, Hildesheim

Die allererste Ballettstunde – als kleine,
dicke, unsportliche Frau von 59 Jahren,
die ganz herzlich aufgenommen
und gar nicht komisch angeschaut wird
von all den jungen Leuten!

Erika Moser, Hamburg

Gefragt werden – und mitmachen!
Auf einmal stehe ich selbst mit auf dem
zwischen den Bäumen gespannten Seil,
balanciere und gehöre für kurze Zeit
einfach dazu. Im letzten Jahr habe ich
den Seiltänzer noch still für seinen
Mut bewundert.

Lena Schröder, Lüneburg

Wenn sich mein alter Hund, eine in
Ehren ergraute Labradordame, von unserem
quirligen Straßenhund anstecken lässt
und die beiden um die Wette bellen, auf
dass es Leberwurst regnen möge!

Claudia Rixecker, Schöneck, Hessen

In einer anheimelnden Küche zu sitzen,
beim Steinpilzrisotto mit einer Jägerin,
die zugleich Vegetarierin ist, und zu
erkennen, dass Schubladen für Sachen
und nicht für Menschen gedacht sind.

Marc Brando, Hamburg

Ich träume, dass ich auf eine Karte die Namen von sieben Frauen schreiben soll, die ich im Himmel um mich haben möchte. Im Erwachen zähle ich sie auf: meine Töchter, Nachbarinnen, langjährige Freundinnen. Und ich merke, dass ich ein Stückchen Himmel schon hier auf Erden hab!

*Elisabeth Wagensommer, Salem,
Baden-Württemberg*

Meine tägliche Fahrradstrecke, morgens am Rhein entlang: Die Burgen thronen in zartem Licht auf dem Fels, die schon von Goethe beschriebenen Wassergeister steigen aus dem Fluss empor, und der Graureiher wartet auf seinen ersten Fisch. Ich atme all die Schönheit, und der Arbeitstag kann beginnen.

Susanne Stübe, Boppard am Rhein

Meiner 86-jährigen Mutter den ersten Schwung auf der großen Kinderschaukel geben und ihr strahlendes Gesicht sehen, wenn die weißen Haare im Wind wehen.

Joachim Scheeff, Ulm

Die Sonne. Der Regen. Der Herbst.
Der Winter. Der Frühling, und wenn er
wiederkommt. Der Sommer. Das Glücklich-
sein. Das Traurigsein. Haruki Murakami.
Die Dunkelheit, und wenn sie wieder
verschwindet. Der gute alte Bob Dylan. Worte,
Schweigen, Träume, Musik. Du und ich.

Martin Ehrlicher, Coburg

Jeden Morgen fahre ich auf dem Weg
zur Arbeit an einem großen Graffito vorbei:
»HABEN ODER SEIN?«, in großen
Lettern auf knallrotem Untergrund. Jeden
Morgen die Erinnerung daran, die Prioritäten
im Leben immer wieder zu hinterfragen.
Herzlichen Dank dem Sprayer!

Karola Plumridge, Königstein

Morgens, wenn die Sonne beginnt,
den Tag zu erhellen, mit dem
Rad durch Wald und Felder zu fahren,
die klare Luft zu atmen und meinen
Gedanken nachzuhängen ... Das macht
mich fit für alles, was kommt.

Miriam Werner, Kusterdingen,
Baden-Württemberg

»Mama, du musst mich schnell küssen:
Mein Liebesspeicher ist leer!«,
sagt mein bald elfjähriger Sohn. Gern!
Solange ich noch darf ...

Verena Schulz, Grabau, Schleswig-Holstein

Weiße Schokolade, frische Bettwäsche
und eine der sehr seltenen Umarmungen
meines schwer pubertierenden Sohnes.

Dana Toschner, Halberstadt

Der gelbe Plastikbagger, den die
Enkel hinter der Couch vergaßen.
Ich finde ihn beim Staubsaugen –
und schon ist das Wohnzimmer
wieder erfüllt von ihrem Lachen.

Joachim Droese, Langenfeld

Meinem unbekannten Nachbarn
durch verschlossene Türen beim Klavier-
spielen zuzuhören. Jeden Tag ein
wenig selbst gemachte Musik, die so
viel schöner ist als alles, was man aus der
Konserve haben kann. Was wohl
nach Amélie und Sacre du Printemps
drankommt? Ich bin gespannt!

Nele Riehl, Hamburg

Mir jeden Abend die Zeit zu nehmen,
drei Dinge aufzuschreiben, die mich
tagsüber glücklich gemacht haben.
So nichtig sie auch sein mögen.

Thekla Truebenbach, Greifswald

Ich bin ein junger Vater. Meine Tochter,
fast noch ein Säugling, sitzt bei mir auf dem
Schoß vor dem Fenster. Wir blicken in den
Garten. Ich wiege sie und singe ihr Kinderlieder
vor. Eifrig »singt« sie mit. Und alles ist gut. –
Das war vor fast 30 Jahren. Heute sitzt
mein Enkel auf meinem Schoß. Der Garten
von damals ist ein anderer. Aber sonst hat
sich eigentlich nichts verändert. Gut, dass
es Dinge gibt, die bleiben.

*Werner Niemeyer, Schöninghsdorf
im Emsland*

Nach einem Arbeitstag
im Garten auf der
Bank sitzen: sehen, hören,
zweisam schweigen.

Gertraud Pohlmann,
Dortmund

Samstagmorgen in der Cafébar. Den Kaffee brüht eine ältere Dame. Sie und ich gehören zum Morgeninventar. Ich bestelle immer den mittelgroßen Milchkaffee, sie berechnet nur den kleinen. Nie ein Wort hierüber, es ist unser kleines Geheimnis.

Douglas Kelly, Frankfurt am Main

Der fürsorgliche Inhaber der »smoke &
coffee corner«, wo ich meine Fahrkarten für
den Zug zur Arbeit kaufe. Herr Schwaizer
hat die Uhr einige Minuten vorgestellt,
damit seine Gäste, die einen Kaffee bei ihm
trinken, ihren Zug pünktlich erreichen.

Helga Gülzow, Bremen

Ein regnerischer Montagmorgen
an der Trambahnstation, auf dem Weg
zur Arbeit. Ein kleines Mädchen, das
ich nicht kenne, läuft auf mich zu,
bleibt stehen und sagt: »Du bist schön!«
Lieben Gruß an die fünfjährige Anna,
die meinen Tag und meinen Start in die
Woche so wunderbar erhellt hat!

Tina Schäfer, Berlin

Wenn ich mit meinem dreijährigen
Enkelsohn zwei Stunden brauche, um
einen Kilometer am Bach entlangzugehen.
Stöcke und Grashalme schwimmen lassen,
Erdklumpen und Steinchen ins Wasser
werfen, Kaulquappen entdecken, Puste-
blumen auspusten, Lämmer auf der Wiese
beobachten, nasse Füße kriegen ... –
das hält schließlich auf.

Helgard Bunk, Liebenburg, Niedersachsen

Mein vierjähriger Sohn, der heute
Morgen zu uns ins Ehebett
krabbelte und sagte: »Das ist mein
warmes Hauptquartier!«

Anna Friedrich, Lüneburg

Meine frische Wäsche, die dank des
Waschpulvers, das meine Mutter
uns nach Australien schickte, nun
nach »zu Hause« riecht.

Lena Schlevogt, Melbourne

Abends hungrig nach Hause kommen,
Kartoffeln mit Quark machen,
am Tisch sitzen und genüsslich essen.
Alles andere wird unwichtig. Es gibt
nur diese herrlichen warmen Kartoffeln
und mich. Einfach kann so gut sein!

Wiebke Jäkel, Mannheim

Meine Schulfreundin Marianne 39 Jahre
nach unserem Abitur zum Bahnhof
zu begleiten und dabei den Umweg über
unseren alten Schulweg zu gehen. Wir
kichern und flüstern wieder wie damals.

Annette Strehl-Pottmeyer, Dortmund

Das kleine, rote Buch auf dem Kühl-
schrank in unserer WG, in dem wir die
witzigsten Momente des Zusammen-
lebens für die ferne Zukunft festhalten.

Jakob Münch, Berlin

Die Weck-Wiederhol-Taste an
meinem Wecker. Wenn er klingelt,
drücke ich sie und freu mich
über fünf Minuten »Nachschlag«.

*Wolf Warncke, Tarmstedt bei
Rotenburg (Wümme)*

Ich bin gehbehindert. Mit vorsichtigen
Schritten nähere ich mich der Bank.
Hinter mir das Stakkato von Damenschuhen.
Aber ich werde nicht überholt. In der Bank
wende ich mich um: »Vielen Dank für Ihre
Geduld!« Ein junges Lächeln antwortet mir:
»Ich habe Zeit!« Wie schön ist das Gesicht
eines Menschen, der Zeit hat!

Hans-Jürgen Ruwoldt, Uetersen

Im Ruhestand (geistig und körperlich
einigermaßen fit) frei über meine Zeit zu
verfügen und fürs Nichtstun auch
noch Geld zu bekommen. Ich möchte
gar nicht jünger sein.

Josef Fleckenstein, Bad Neustadt/Saale

Der Laden war fast leer. Nur eine
Kundin wurde bedient. Ich stellte mich
in einiger Entfernung geduldig auf.
Wenig später betrat eine weitere Kundin das
Geschäft, ebenfalls im Seniorenalter. Nach
kurzer Wartezeit wandte sie sich an mich:
»Haben Sie es eilig?« – »Nein.« – »Schön,
nicht wahr?« Und strahlte.

Heinz Wolfermann, Darmstadt

Während einer Wanderung komme
ich mit der siebenjährigen Freundin
meiner Tochter ins Gespräch. »Was willst
du mal werden?«, frage ich neugierig.
»Glücklich!«, die sofortige Antwort von
Linde. Ich drücke Linde fest die Daumen.

Marit Kunis-Michel, Dresden

Copyright © Zeitverlag Gerd Bucerius GmbH & Co. KG, Hamburg

© 2023 Pattloch Verlag. Ein Imprint der Verlagsgruppe
Droemer Knaur GmbH & Co. KG, München

Gesamtgestaltung und Satz: Christina Krutz, Biebesheim am Rhein
Umschlagillustrationen und Abbildungen im Innenteil: Shutterstock.com
Gesamtherstellung: Drukarnia Dimograf Sp. z o.o., Bielsko Biała

Printed in Germany

ISBN 978-3-629-00818-3

www.pattloch.de

4 5 3